DON BOSCO

Daniel Seiler

Die 50 besten Demokratie-Spiele für Grundschulkinder

DON BOSCO

MiniSpielothek

**Gerne nehmen wir Ihre Anregungen,
Wünsche, Kritik oder Fragen entgegen:**
Don Bosco Medien GmbH, Sieboldstraße 11, D-81669 München
anregungen@donbosco-medien.de
Servicetelefon +49(0)89 48008-341

Bibliografische Information der Deutschen Nationalbibliothek

Die Deutsche Nationalbibliothek verzeichnet diese Publikation in der Deutschen Nationalbibliografie; detaillierte bibliografische Daten sind im Internet über http://dnb.d-nb.de abrufbar.

2. Auflage 2025 / ISBN 978-3-7698-2559-6

produktinformation@donbosco-medien.de
www.donbosco-medien.de
Umschlag: Don Bosco Medien GmbH, München
Umschlaggrafik: strichfiguren/stock.adobe.com
Layout: Alexandra Paulus
Satz: Don Bosco Medien GmbH, München
Druck: dieprintzen, Ursensollen

Gedruckt auf umweltfreundlichem Papier

Inhalt

Demokratie heißt
Entscheidung
durch die Betroffenen.

Carl Friedrich von Weizsäcker

Spiele zu Teilhabe und Mitbestimmung

Sag deine Meinung!

Für das folgende Spiel werden lediglich mehrere abgetrennte Bereiche benötigt, je nachdem, wie viele Antworten vorgesehen sind. Je nach Thema sind meistens als Antwortmöglichkeiten vorgegeben:

- ja bzw. ich stimme zu,
- nein bzw. ich stimme nicht zu,
- weiß nicht bzw. ich enthalte mich.

Die Kinder antworten, indem sie in den passenden Bereich ihrer Antwort laufen. Durch die Auswahl der Fragen kann ermittelt werden, wie die Kinder zu gesellschaftlichen Teilhabe- und Gestaltungsmöglichkeiten stehen und die leitenden Personen erhalten ein Stimmungsbild der gesamten Gruppe.

Beispiele

- Ich fühle mich in der Stadt/im Dorf/in dem Land, in der wir leben, gut aufgehoben.
- Ich weiß, wie ein*e Bürgermeister*in gewählt wird.
- Ich weiß, welche Aufgaben ein*e Klassensprecher*in hat.

Material

Kreppklebeband zum Markieren der Bereiche

König*in der Gruppe

Nach dem Zufallsprinzip (beispielsweise durch Lose ziehen) werden die Kinder eines nach dem anderen für zwei Minuten zum*zur König*in ernannt. Die anderen Kinder sind dabei angehalten, ihrem*ihrer König*in jeden Wunsch von den Augen abzulesen: Dabei darf diese*r beispielsweise bestimmen, dass es nun eine Trinkpause gibt, dass alle sich albern verhalten sollen oder dass alle einen Witz erzählen dürfen. Natürlich geschieht alles nur auf freiwilliger Basis, dadurch kommen die Kinder aber auf den Geschmack, etwas auf lustige Art und Weise bestimmen zu dürfen.
Am Ende wird dieses Spiel reflektiert: Wie ist es, über eine so große Gruppe zu bestimmen? Wie fühlt es sich an, wenn andere entscheiden, was man tun soll?

Material

Stoppuhr, Krone aus Papier

Mannschaftswahlen

Nach dem Zufallsprinzip (beispielsweise durchzählen) werden die Kinder in zwei Teams aufgeteilt. Die Spielleitung ernennt dann jeweils eine*n Kapitän*in des Teams. Diese*r muss das Team für ein Fußballspiel in folgende Rollen einteilen:

- Torhüter*in, mit nur einer Hand,
- Stürmer*in, darf immer nur mit dem gleichen Bein den Ball treten,
- Verteidigung, darf nur hüpfen,
- Stürmer*in, darf nur rückwärtslaufen,
- Verteidigung, darf nur rückwärtslaufen

... und was sonst noch für passende Ideen aufkommen.

In jeder Rolle/Untergruppe muss sich mindestens ein Kind befinden, damit ein ganzes Team zustande kommt und ein kleines Fußballturnier stattfinden kann. Dadurch lernen die Kinder, ihr Team in verschiedene Gruppen aufzuteilen. Der*die Kapitän*in sollte dabei möglichst die Tipps, Ideen und Stärken des eigenen Teams ernst nehmen.

Was kann verbessert werden?

In kleinen Gruppen dürfen die Kinder mit Papier und Stift für eine halbe Stunde durch die Schule bzw. durch die Gemeinde streifen und dokumentieren, welche Dinge sie gerne ändern würden. Das kann zum Beispiel der überfüllte Mülleimer auf dem Pausenhof sein oder auch ein fehlender Erholungsplatz auf dem Kirchplatz.
Falls es möglich ist, dürfen die Kinder dies gerne auch mit Kamera oder Smartphone festhalten. Die Ergebnisse werden vor der Gruppe präsentiert und die Gruppe bestimmt durch Abstimmung, wie bedeutend die Vorschläge sind. Diese können dann – gegebenenfalls um Lösungsmöglichkeiten ergänzt – an den Pfarrer oder an die Schulleitung übergeben werden.

Material

Papier, Stifte, ggf. Smartphones oder Digitalkameras

Klatschkreis

Die Kinder stellen sich zusammen mit der Spielleitung in einen Kreis auf. Diese gibt einen bestimmten Rhythmus vor, welcher in die Hände geklatscht wird. Das machen alle fünf Mal nach. Anschließend ist das Kind rechts von der Spielleitung an der Reihe und gibt einen neuen Klatschrhythmus vor. Dieser wird wieder von allen fünf Mal wiederholt. Das geht so lange weiter, bis alle Kinder einmal an der Reihe waren. Die Übergänge zwischen den unterschiedlichen Rhythmen sollten möglichst übergangslos passieren und dürfen sich auch wiederholen.

Die Kinder merken direkt die Auswirkungen ihres Handelns und spüren Selbstwirksamkeit.

Grundgesetze der Fänger*innen

Es werden zwei bis drei Fänger*innen und ein*e Gesetzesgeber*in bestimmt. Alle anderen Kinder dürfen sich frei im Raum bewegen. Nun beginnen die Fänger*innen die Kinder zu fangen. Der*die Gesetzesgeber*in ruft nun ein Gesetz in den Raum, welches berücksichtigt werden muss. Dann klatscht der*die Gesetzesgeber*in ein anderes Kind ab und nun ist jemand anderes für die Gesetze zuständig. Wird ein neues Gesetz verkündet, löst sich das andere auf. Dabei sollen abwechselnd Gesetze für die fangenden und die weglaufenden Kinder aufgestellt werden.

Beispiele

- Alle Fänger*innen mit einem T-Shirt müssen sich fünf Mal im Kreis drehen.
- Alle Wegläufer*innen dürfen nur auf einem Bein hopsen.
- Alle Fänger*innen dürfen sich nur noch in Zeitlupe fortbewegen.

- Alle Wegläufer*innen mit einer blauen Hose müssen Geräusche wie Affen machen.

Wer gefangen wird, muss sich auf den Boden setzen und bis zehn zählen.

Moleküle

Für dieses Spiel werden von der Spielleitung immer zwei Zahlen in den Raum gerufen, während sich alle Kinder frei durch den Raum bewegen.

Die erste Zahl bestimmt dabei, wie viele Kinder eine Kleingruppe bilden müssen. Die zweite Zahl besagt, welche Bewegungen oder Aufgaben die Kleingruppen ausführen sollen. Die Erklärungen für die Aufgaben der Kleingruppen werden sichtbar für alle auf einem Plakat am Spielfeldrand präsentiert.

Die beiden Zahlen vier und acht würden beispielsweise bedeuten: Es bilden sich Vierergruppen (aufgrund der ersten Zahl). Die Kinder der Vierergruppe fassen sich an den Händen und drehen sich im Kreis (aufgrund der zweiten Zahl, deren Erklärung auf dem Plakat am Spielfeldrand zu lesen ist)

Beispiele für Aufgaben in den Kleingruppen

- Ein Kind muss von den anderen Kindern der Kleingruppe getragen werden.
- Alle Kinder hüpfen auf einem Bein.
- Alle Kinder liegen mit dem Bauch flach auf dem Boden.

- Die Kinder rennen auf der Stelle.
- Die Kinder üben gemeinsam eine Hebefigur aus.

Bei diesem Spiel stehen besonders Partizipation und Gruppenbildung im Vordergrund. Es ist vor allem für ältere Kinder gut geeignet.

Material

Plakat mit Zahlen und Aufgaben, ggf. Musik

Alle, die …

Es bewegen sich alle Kinder frei durch den Raum. Durch das Reinrufen von Gemeinsamkeiten seitens der Spielleitung müssen die Spielenden schnellstmöglich Gruppen bilden.

Beispiele

- Alle, die Sport in der Schule mögen (hier bilden sich zwei Gruppen: Kinder die Sport mögen und Kinder die keinen Sport mögen).
- Alle, die eine bestimmte Sorte Obst gerne essen (pro Obstsorte sollte sich hier eine Gruppe bilden).
- Alle, die im selben Alter sind.
- Alle, die gerne am Strand, in den Bergen oder auf einem Bauernhof Urlaub machen.
- Alle, die die gleiche Haarfarbe haben.
- Alle, die schon mal auf einer Demonstration waren.

Durch dieses Spiel lernen sich die Kinder besser kennen, denn sie müssen sich untereinander absprechen, um Gruppen zu bilden. Der gemeinsame Dialog und das Finden von Gemeinsamkeiten sind die Schwerpunkte dieses Spiels.

Nachmittag der Wunsch-Spiele

Um die Teilhabe und Selbstbestimmung von Kindern zu fördern, sollte es gelegentlich einen Vormittag, einen Nachmittag oder auch einen Abend geben, an dem sich jedes Kind ein Spiel aussuchen darf, das mit der gesamten Gruppe gespielt wird. Dazu gehören Tanz- und Bewegungsspiele sowie Ball-, Fangen- und Versteckspiele.

„Wunsch-Spiele“ dienen außerdem dazu, die eigenen Wünsche und Bedürfnisse zu befriedigen. Innerhalb der Gruppe kann der Zusammenhalt gestärkt werden, da die Gruppe auf das Spiel jedes einzelnen Kindes eingeht.

Neben Spielen kann dieser partizipative Ansatz sich auch auf andere Programmpunkte erstrecken.

Material

Je nach den Spielwünschen der Kinder

Wahl der Tiere

Bei diesem Spiel müssen die Kinder wählen, welches Tier am besten zur gestellten Frage passt.

Beispiele

- Welches Tier ist das perfekte Haustier?
- Welches Tier wäre das perfekte Wappentier für die Gruppe?
- Welches Tier ist besonders schützenswert?

Dabei muss sich die Gruppe durch demokratisches Verhandeln mit Argumenten, Diskussionen und ggf. einer Abstimmung auf ein Tier einigen.
Die Kinder lernen bei diesem Spiel, dass bei wiederstreitenden Meinungen einer Gemeinschaft durchaus eine Lösung gefunden werden kann.
Voraussetzung dafür ist, dass die unterschiedlichen Interessen und Meinungen geäußert werden dürfen und gemeinsam nach der besten Lösung gesucht werden muss.

Spiele zur Gestaltung der Lebenswelt

Einstieg: Lebenswelt begreifen

Vor der Frage, wie Kinder ihre Lebenswelt gestalten können, kann die Frage spannend sein, was Kinder eigentlich als ihre Lebenswelt begreifen: Ist dies ausschließlich ihre reale Umgebung oder auch der digitale Raum, den sie mit Smartphones, Tablets und Computern betreten? Die Spielleitung liest dazu verschiedene Begriffe vor und die Kinder stimmen per Daumen auf- oder ab-zeigen ab, in welchen „Räumen" sich die Kinder bewegen oder nicht.

Beispiele

Garten, lokaler Park, Schulhof, Kirchengemeinde, Berlin, Hauptstadt des Bundeslandes, Deutschland, Internet

Unsere Gruppenregeln finden

Die Spielleitung versteckt im Raum kleine Zettel mit aufgedruckten Piktogrammen, die symbolisch für verschiedene Gruppenregeln stehen sollen. Die Kinder bekommen die Aufgabe, aufmerksam den Gruppenraum oder das Klassenzimmer abzusuchen und die Piktogramme zu finden. Anschließend werden die Piktogramme in der Kindergruppe vorgestellt und gemeinsam die Regeln festgelegt.
Ein abgeknabberter Apfel kann so dafür stehen, dass Müll nicht auf den Boden, sondern in den Mülleimer geworfen wird. Ein weiteres Beispiel: Eine Uhr kann dafür stehen, dass alle versuchen, pünktlich zu sein.

Material

Ausgedruckte Piktogramme

Auf nach Gemeinschaftshausen!

Es werden mehrere Stühle mit der Lehne zueinander aufgestellt, jedoch ein Stuhl weniger als Kinder, die an dem Spiel teilnehmen. Während Musik spielt, laufen die Kinder um die Stühle herum und beginnen die Reise nach Gemeinschaftshausen. Stoppt die Spielleitung die Musik, müssen sich alle auf die Stühle retten. Nach jeder Runde wird ein Stuhl entfernt, sodass es immer schwieriger wird, dass alle Kinder auf den Stühlen unterkommen. Der Aufbau eines „stabiles Konstrukts“ mit allen Kindern geht auf den letzten Stühlen nur durch gegenseitiges Festhalten!

Hinweis

Unbedingt auf die Sicherheit der Kinder achten und die Stabilität der Stühle vorab prüfen.

Material

Stühle

Tatort Meer

Die Spielleitung hat im Vorfeld einen Strand mittels Decken, Plüschtieren und Spielfiguren vorbereitet. Blaue Planen können dabei als Meer dienen. An diesem Strand und in dem Meer sind eine Vielzahl an Gegenständen positioniert, bei denen die Gruppe entscheiden muss, ob sie dort hingehören oder nicht.
Hier ein paar Beispiele, welche Dinge in die Natur gehören und welche nicht:

- Gehört in die Natur: Laub, Muscheln, Moos, Blumen, Spender mit Hundekotbeuteln, Mülleimer
- Gehört nicht in die Natur: Alte Butterbrote, Zeitungspapier, Joghurtbecher, alte Klamotten, Sperrmüll, Reifen, Flaschen (Glas und Plastik)

In der Gruppe wird anschließend darüber gesprochen, was die Menschen tun können, um diesen Müll zu vermeiden. Was kann jedes Kind tun, um sich positiv in die Gesellschaft, in der Gestaltung der eigenen Lebenswelt sowie der Lebenswelt von Tieren einzubringen?

Tipp

Dieses Spiel kann auch mit einem Dschungel oder einem Wald durchgeführt werden, dadurch lassen sich die Szenarien des Spiels unterschiedlich gestalten.

Material

Blaue Planen, Decken, Plüschtiere und/oder Spielfiguren, verschiedene Gegenstände

Weg mit dem Müll!

Zu einem verantwortungsvollen Umgang mit der Umwelt gehört auch eine saubere Umgebung. Um dies spielerisch zu gestalten, besteht der Ansporn darin, als Gruppe von vier Kindern den meisten Müll einzusammeln. Dazu werden Eimer, Handschuhe und Zangen benötigt sowie eine möglichst große Waage.
Das Team, welches am Ende den meisten Müll gesammelt hat, erhält dann eine Belohnung, die auch in Form einer Urkunde ausreicht. Wichtig ist, dass die Kinder lernen, dass Müll nicht in die Umwelt gehört.
Bei dieser Aktion unbedingt darauf achten, dass die Kinder keinen gefährlichen Müll aufsammeln.
Im Vorfeld sollte die Spielleitung daher über Müll sprechen, der nicht augesammelt werden darf, aber gemeldet werden sollte. Beispiele sind Glasscherben, Spritzen oder Chemikalien.

Material

Eimer, Handschuhe, Zangen, Waage

Mitreden – auch in der Familie

Die Kinderrechte gewähren Kindern das Recht, bei Fragen mitzusprechen, die sie betreffen. Das gilt insbesondere auch innerhalb der Familie. Anhand von verschiedenen Fotos, die Familiensituationen zeigen, kann mit den Kindern darüber gesprochen werden, dass sie ein Recht auf Mitsprache haben. Kinder können dadurch erkennen, in welchen Bereichen sie mitsprechen möchten und können bzw. dass sie überhaupt mitsprechen können.

Beispiele

- Gestaltung von Urlaub und Ferien
- Einrichtung des Kinderzimmers
- Ausgestaltung von Familienzeit am Wochenende
- Teilnahme an Sportveranstaltungen

Material

Passende Fotos aus dem Internet

Der beste Spielplatz

Bei dieser Aktion werden die Kinder in möglichst gleich große Gruppen aufgeteilt und bekommen verschiedene Materialien zum Basteln und Gestalten zur Verfügung gestellt. Aus allen Materialien dürfen die Kinder einen großen Spielplatz bauen, wie sie ihn gerne in ihrem Umfeld hätten. Er sollte möglichst realistisch dargestellt sein, sodass er Wirklichkeit werden könnte. Anschließend werden Fotos von den Ergebnissen gemacht und zum*zur Bürgermeister*in geschickt, in der Hoffnung, eine Antwort zu erhalten. Dazu darf natürlich ein kleiner Text nicht fehlen, der mit Hilfe der Gruppenleitung entsteht, in dem erklärt wird, dass die Kinder der Stadt sich solche Spielplätze wünschen.

Material

Pappe, Schere, Kleber, Joghurtbecher, Verpackungen, Papierrollen, etc.

Meine bunte Lebenswelt

Bei dieser Aktion steht sowohl die Umwelt als auch die Gestaltung der eigenen Lebenswelt im Vordergrund. Die Kinder dürfen einen Blumentopf reichlich mit Erde füllen und darin Pflanzensamen ihrer Wahl einsetzen. Dabei sollten sie sich auf einem Zettel notieren, was sie eingepflanzt haben, um im Nachhinein die unterschiedlichen Sorten unterscheiden zu können. Sobald die Samen in der Erde sind, darf nicht vergessen werden, diese ordentlich zu wässern – auch später nicht, während der Austriebs- und Wachstumsphase der Pflanzen. Die Ergebnisse werden dann der Öffentlichkeit gespendet, beispielsweise für eine Dekoration in der Kirchengemeinde oder auf dem Dorfplatz. Der Blumentopf kann auch vorher mit Acrylfarbe individuell bemalt werden, um diesen noch bunter zu gestalten.

Material

Pro Kind ein großer Blumentopf, Pflanzenerde, Wasser und verschiedene Samen von Blumen, Pflanzen und Kräutern, evtl. Acrylfarbe

Wir machen mit!

Es finden regelmäßig Veranstaltungen wie Straßenfeste, Flohmärkte etc. in Städten und Dörfern statt, bei denen sich die Kinder gut in die Gesellschaft einbringen und beispielsweise Feste mitgestalten können. Dazu braucht es nur die Anmeldung eines Standes bei der jeweiligen Anlaufstelle. Bei diesen Aktionen kommt Geld zusammen, das für die Gemeinschaft im Ort oder für ein gemeinnütziges Projekt zur Verfügung gestellt werden kann.
Im Vorfeld bestimmen die Kinder, wie sie das Fest bereichern wollen. Dafür werden alle nötigen Vorkehrungen und Vorbereitungen getroffen.

Beispiele

- Eis- bzw. Nice-Creme
- alkoholfreier Punsch
- Dosen werfen
- Waffeln
- heißer Draht

Tipp

Anleitungen, Materialübersichten und mehr zu den Beispiel-Aktionen sind im Jugendleiter-Blog zu finden (www.jugendleiter-blog.de)

Material

Abhängig von der jeweiligen Aktion

Happy Stones

Für das Projekt „Happy Stones“ werden kleine Steine individuell und frei bemalt, um sie nach der Trocknung in der Umgebung auszusetzen. Auf der Rückseite sollte außerdem #HappyStones[Name des Ortes bzw. der Stadt] stehen.

Gruppenleitung und Kinder verbreiten bei Freund*innen und Familie die Information, dass es erwünscht ist, die Happy Stones zu fotografieren und in sozialen Netzwerken mit dem vermerkten Hashtag zu teilen. Die Steine dürfen anschließend wieder an einen anderen Ort versetzt werden.

Die Gruppenleitung hält die Kinder regelmäßig auf dem Laufenden, ob und wo die Steine gefunden wurden, falls die Kinder noch zu jung für soziale Medien sind. Als kleiner Wettbewerb kann auch gemessen werden, wie weit einzelne Steine innerhalb von 12 Wochen reisen.

Material

Steine, Pinsel und Acrylfarbe

Spiele zu den Grund- und Menschenrechten

Murmeln der Meinungsfreiheit

Bei diesem Spiel geht es primär um das „Recht auf die eigene Meinung“, aber auch demokratische Aspekte werden vermittelt. Dazu werden durchsichtige Behältnisse vorbereitet, an die jeweils ein bestimmter Aspekt eines Hauptthemas geklebt wird. Nun dürfen die Kinder mit Murmeln, welche sie zuvor von der Gruppenleitung erhalten haben, abstimmen, was ihnen besonders wichtig ist und am Herzen liegt: Sie legen die Murmel in das Behältnis, welches ihre Meinung am meisten widerspiegelt. Dabei werden verschiedene Hauptthemen mit untergeordneten Aspekten vorbereitet, sodass zu mehreren Themen ein Meinungsbild der Gruppe festgestellt werden kann.

Beispiele:

- Neue Gruppenraumgestaltung: DIY-Dekoration/ gemütliche Sitzecke/Musikbox/Lichterketten/ Bücherregal mit Büchern ....

- Schulfächer und Themen, die im Lehrplan nicht (oder nicht genug) berücksichtig sind: Medien, Kochen, Forschen und Experimentieren, Natur ...
- Programm: sportliche Aktivitäten/kreative Aufgaben/Fangspiele/Freispielmöglichkeiten/Ausflüge ...
- Was in unserer Stadt fehlt: Eislaufbahn/Kino/Skatepark/Abenteuerspielplatz ...
- Mein Lieblingsessen: Pommes/Pizza/Salat/Obst-Spieße/Popcorn ...

Material

Durchsichtige Behältnisse, Klebezettel, Stift, Murmeln

Pantomime der Kinderrechte

Bei diesem Spiel sollen die Kinder zunächst einen bestimmten Begriff ohne Worte pantomimisch vorspielen. Die anderen Spielenden müssen dabei erraten, um welchen Begriff es sich handelt und anschließend darüber diskutieren, welches Kinderrecht zu diesem Begriff passt. Um den Kindern die Zuordnung zu erleichtern, kann es hilfreich sein, ein entsprechendes Plakat mit den Kinderrechten zur Übersicht im Klassen- oder Gruppenraum aufzuhängen. Damit haben die Kinder die Kinderrechte besser vor Augen und können den erratenen Begriff einfacher zuordnen.
Es werden entsprechende Zettel vorbereitet. Nach und nach ziehen die Kinder einen Begriff und machen diesen pantomimisch vor.

Beispiele

- Tafelkreide (Recht auf Bildung)
- Spielzeug (Recht auf freie Zeit)
- Pflaster (Recht auf Hilfe in der Not)

- Familie (Recht auf Privatleben)
- Gruppe (Recht auf Gemeinschaft)

Material

Vorbereitete Zettel mit Begriffen, ggf. Merkplakat zu den Kinderrechten

Medienanalyse der Rechte

Es wird ein Stuhl- oder Sitzkreis gebildet, in die Mitte des Kreises werden viele verschiedene Kinderzeitschriften oder Kinderseiten aus Zeitungen aller Art gelegt. Die Kinder sollen nun Artikel heraussuchen, in denen ein Menschenrecht zur Sprache kommt: Entweder im Positiven (ein Menschenrecht wird eingehalten bzw. unterstützt oder verbessert) oder im Negativen (es wird gegen ein Menschenrecht verstoßen).
Diese Artikel sollen nun ausgeschnitten werden. Auf einem roten Plakat finden dann die „negativen“ Artikel ihren Platz, auf einem grünen Plakat werden die „positiven“ Artikel aufgeklebt. Im Anschluss kann reflektiert werden, was beim Bearbeiten der Aufgabe aufgefallen ist.

Material

Zeitungen und Zeitschriften für Kinder, ein rotes und ein grünes Plakat, mehrere Scheren, Klebstifte

Wahrheit oder Lüge?

Für dieses Spiel wird ein möglichst großer Raum benötigt. Es wird nun ein „echtes“ oder ein „falsches“ Menschen- bzw. Kinderrecht in den Raum gerufen.
Beispiel für ein „echtes“ Kinderrecht: „Ich habe als Kind ein Recht auf Schule und Bildung.“
Beispiel für ein „falsches“ Kinderrecht: „Ich habe ein Recht auf ein Fahrrad, um damit zur Schule zu fahren.“
Denken die Kinder, dass es sich dabei um ein wirklich existierendes Recht handelt, laufen sie auf die linke Seite. Glauben sie, dass es so ein Recht nicht gibt, laufen sie auf die rechte Seite. Am Ende wird die richtige Antwort aufgelöst. Die Kinder, die sich richtig entschieden haben, müssen nun die anderen Spielenden fangen. Sind alle Kinder gefangen, wird das nächste „echte“ oder „vermeintliche“ Menschenrecht in den Raum gerufen.
Es können auch Begriffe gerufen werden, welche eines der Menschen- oder Kinderrecht untermalt, wie beispielsweise „Schule“, „Nahrungsmittel“ oder „sauberes Wasser“. Auch hier sollten falsche Begriffe genannt werden, also beispielsweise „Reichtum“, „viel Spielzeug“ oder „immer recht haben“.

Der Talentwettbewerb – Das kann ich schon!

Bei dieser Aktivität geht es vor allem um das Recht auf Lernen: Kinder sollten immer die Gelegenheit bekommen, ihr Wissen und Können zeigen zu dürfen und Neues ausprobieren zu können.
Allein oder in kleinen Gruppen überlegen sich die Teilnehmenden etwas, was sie besonders gut können. Dazu dürfen die Kinder beispielsweise Tänze aufführen, einen kleinen Theater-Auftritt entwickeln oder mit ihrem Kaninchen Kunststücke vorführen, je nach Ausmaß des Wettbewerbs und Zeitkapazität für die Proben. Es geht also um Talente, die im Anschluss einer Jury (Teamleitung, Eltern oder anderen Freiwilligen) vorgestellt werden.
Nach dem Talentwettbewerb wird besprochen, wie wichtig Selbstbestimmung, Teilhabe und das Recht auf Bildung und Lernen ist. Wie sähe die Welt wohl ohne dieses Grundrecht aus?

Material

Abhängig von den Aktionen der Kinder

Kinderrechte-Wortgitter

Verschiedene Begriffe, die mit den Grund-, Menschen- und Kinderrechten zu tun haben, werden von der Spielleitung im Vorfeld – Buchstabe für Buchstabe – auf kleine Notizzettel geschrieben. Dabei hat jedes Wort seine eigene „Zettelfarbe“, d.h. alle Buchstaben eines Wortes sind auf Notizzettel der gleichen Farbe notiert. Die verschiedenfarbigen Zettel mit den Buchstaben werden im Gruppen- oder Klassenraum versteckt. Die Kinder müssen nun die Zettel suchen, farblich sortieren und aus den Buchstaben einer Farbe das jeweilige Wort finden und zusammensetzen, beispielsweise E-S-S-E-N für das Recht auf Nahrung, S-C-H-U-L-E für das Recht auf Bildung, F-R-I-E-D-E-N für das Recht auf Schutz im Krieg und Gesundheit. Danach legen die Kinder die einzelnen Wörter zu einem bunten Wortgitter.
Anschließend kann die Spielleitung die Begriffe durchgehen und den Bezug zu den Grund-, Menschen- und Kinderrechten herstellen.

Material

kleine Notizzettel in verschiedenen Farben, Stifte

Menschrechte in Bewegung

Alle Kinder bewegen sich tanzend durch den Raum. Auf ein Kommando müssen alle eine im Vorfeld besprochene Bewegung machen. Diese kann wie folgt aussehen:

- Kommando Schule: Es wird die „Nachdenker-Pose“ gemacht.
- Kommando Gemeinschaft: Eine demonstrierende Gruppe schließt sich zusammen und bewegt sich gemeinsam als „Menschentraube“ durch den Raum, dabei werden imaginäre Schilder in die Luft gehalten.
- Kommando Freiheit: Die Spielenden laufen so schnell wie möglich kreuz und quer durch den Raum.
- Kommando Geborgenheit: Es rollen sich alle auf dem Boden zu einer Kugel zusammen.
- Kommando Sicherheit: Drei Kinder tun sich als Gruppe zusammen. Zwei von ihnen müssen das dritte Kind an Armen und Beinen hochheben und in eine „Krankenstation“ tragen.

Um das Ganze noch etwas zu erschweren, können nach und nach auch immer mehr Kommandos hinzugefügt werden.
Kommen die Kinder dabei durcheinander?

Material

Musik

Wenn mir ein Land gehören würde

Für diese Aktivität erhalten alle Teilnehmenden ein möglichst großes Plakat und Stifte. Sie sollen nun aufmalen und aufschreiben, wie ihr Land aussehen würde: Wie würden alle Menschen dort leben? Wie würden die Häuser wohl aussehen? Welche Regeln sollen gelten? Die Ergebnisse werden am Ende vorgestellt und Fragen der Gruppe an die regierende Person des Landes sind gern gesehen. Ferner kann besprochen werden, welche Rechte in dem Land nicht immer leicht umzusetzen und zu berücksichtigen wären, und welche Rechte sich einfacher realisieren ließen.

Tipp

Im Vorfeld können Karten vorbereitet werden, auf denen bestimmte Gegebenheiten stehen, die in dem Land mit eingebaut werden müssen. Beispielsweise, dass es sich bei einem Land um eine einsame Insel mit einer geringen Einwohnerzahl handelt oder um ein Land, in dem viele Jahre Krieg herrschte. Diese

Variante der Aktivität lässt sich gut in Gruppen durchführen, um Diskussionen anzuregen.

Material

Plakate, Stifte, ggf. selbst gestaltete Aktions- und Regelkarten

Wir bekennen Farbe

Alle Kinder ziehen weiße T-Shirts und alte Hosen an, die nicht mehr benötigt werden. Nun verteilen sich die Kinder in unterschiedliche Gruppen; jeder Gruppe wird eine Farbe zugeteilt. Die Kinder tauchen nun ihre Handfläche in ein Behältnis mit Fingerfarbe. Der Farbton ist dabei die Farbe des eigenen Teams. Nun müssen sich die Kinder gegenseitig fangen, indem sie ihre farbige Hand auf das Shirt eines anderen legen. Dann wird die Handfläche erneut in die Farbe getaucht, um weitere gegnerische Teams mit der eigenen Farbe zu kennzeichnen.
Welche Farbe setzt sich am Ende auf den T-Shirts am meisten durch und gewinnt damit das Spiel? Die bunten T-Shirts bilden eine schöne Erinnerung und setzen ein Zeichen für Vielfalt und Toleranz.

Material

Weiße Shirts, alte Hosen, Fingermalfarbe

Gemeinsam stärker sein

Alle Menschen haben das Recht auf ein freies, gemeinsames und soziales Leben. Das soll mit dieser Aktivität untermauert werden. Alle Spielenden erhalten ein Seil. Ein Ende des Seils wird mit den Enden der anderen Seile zusammengebunden. In die Mitte wird nun von der Spielleitung ein leichter Ball gelegt. Die Kinder nehmen das Ende ihres Seils hoch, sodass der Ball in der Mitte der Seile schwebt; gemeinsam muss der Ball zu einem bestimmten Ziel gebracht werden. Gelingt dies nicht, muss die Gruppe von vorne loslaufen und es erneut versuchen. Gerne kann der „Transport" auch durch einen Parcours erfolgen. Je dünner die Seile, Schnüre bzw. Fäden sind, desto schwieriger ist es, den Ball zu transportieren.

Material

Je Mitspieler*in ein Seil, ein Softball

Spiele für ein soziales Miteinander

Möhren ziehen

Außer ein oder zwei Kinder legen sich alle Kinder mit dem Bauch nach unten auf den Boden: Sie sind die Möhren. Die beiden anderen Kinder spielen die Hasen, die nun gleich ein paar Möhren klauen wollen. Die auf dem Boden liegenden Kinder bilden einen Kreis, fassen sich an den Händen und müssen versuchen, den Hasen standzuhalten. Denn diese wollen die Möhren erbeuten, deswegen ziehen sie an den Füßen der liegenden Kinder. Sobald sich die Möhren loslassen, wird es immer schwieriger, als Gruppe nicht auseinanderzureißen. Gelingt es den Hasen jedoch, die Möhren voneinander zu lösen und „eine Möhre zu ziehen“, wird diese nun auch zum Hasen und muss helfen, weitere Möhren voneinander zu trennen.

Hier wird das soziale Miteinander dahingehend gefördert, dass die Kinder einander festhalten müssen, um nicht auseinandergerissen zu werden. Ganz nach dem Motto: Gemeinsam sind wir stark!

Kettenfangen

Für dieses Spiel dürfen sich alle Kinder frei durch den Raum bewegen, gerne auch mit etwas Musik im Hintergrund. Zwei von ihnen werden zu Fänger*innen ernannt und müssen sich an den Händen fassen. Dann laufen sie los und müssen nun versuchen, gemeinsam andere Kinder zu fangen. Gelingt dies, werden die Gefangenen ein Teil der Kette und sind nun auch als Fänger*innen aktiv. Das Spiel wird so lange gespielt, bis ausnahmslos alle frei laufenden Kinder eingefangen wurden. Mehrere Runden mit neuen Fänger*innen sind natürlich möglich. Wer mag, kann auch Hindernisse einbauen, das macht es für lange Ketten besonders lustig, allerdings auch schwieriger.
Je länger die Kette wird, desto mehr müssen die Kinder als Gruppe zusammenarbeiten, damit die Gemeinschaft der Fänger*innen wachsen kann.

Material

Gegebenenfalls Hindernisse

Eisscholle

Auf einer möglichst großen leeren Fläche im Raum werden alte Zeitungen verteilt, sodass eine große Eisscholle entsteht. Darauf dürfen sich die Kinder nach Belieben frei bewegen, allerdings dürfen sie die Scholle unter keinen Umständen verlassen, sonst scheiden sie aus der Runde aus. Nach und nach entfernt die Spielleitung nun immer wieder einen Teil der Zeitungen, sodass die Eisscholle zu schmelzen beginnt und immer kleiner wird. Die Gruppe muss sich nun gegenseitig halten und unterstützen, damit niemand von der Eisscholle runterfällt. Je mehr Kinder hinterher auf der Scholle geblieben sind, desto besser!
Das soziale Miteinander der Kinder wird gestärkt, indem sich die Kinder aneinander festhalten müssen, um nicht von der Eisscholle zu rutschen und auszuscheiden. Sie sind also gegenseitig aufeinander angewiesen.

Material

alte Zeitungen

Die schmale Brücke

Die Spielleitung bereitet eine schmale Brücke vor, zum Beispiel in Form einer Bank oder mit einem breiten Seil. Nun stellen sich alle Kinder in zwei Gruppen auf, jeweils eine Gruppe auf jeder Seite der Brücke. Nach und nach begegnen sich nun immer zwei Kinder auf der Brücke, geben sich die Hand, um sich „Guten Tag" zu sagen und müssen anschließend versuchen, aneinander vorbei zu kommen, ohne dass eine*r von beiden herunterfällt. Wer dennoch den Boden berührt, scheidet aus. Wie viele Kinder stehen zum Schluss jeweils am anderen Ende der Brücke? Zusammenarbeiten und einander vertrauen: Ein wichtiger Grundstein für das soziale Miteinander.

Hinweis

Immer auf die Sicherheit der Kinder achten!

Material

Sitzbank oder langes, breites Seil

Verbundenheit

Die Gruppe setzt sich für dieses Spiel gemeinsam in einen Stuhl- oder Sitzkreis. Ein Kind hält ein Wollknäuel in den Händen. Dieses Kind darf nun eine Sache sagen, die es gerne isst. Die Kinder, die dieses Gericht ebenfalls gerne essen, zeigen auf. Das Kind wirft das Wollknäuel an eines dieser Kinder, während es das Ende des Wollknäuels in den Händen behält. Anschließend ist dieses Kind an der Reihe. Es sagt dann beispielsweise ein Hobby, dass es besonders gerne mag. Der Vorgang wiederholt sich, sodass irgendwann ein riesiges Netz der Verbundenheit entsteht. Durch dieses Spiel lernen die Kinder, was es heißt, miteinander verbunden zu sein: In welchen Dingen ähneln sich manche Kinder und welche Vorlieben teilen sie?
Es kann auch für jedes Thema eine andere Woll-Farbe genutzt werden. Dadurch werden verschiedene Knäuel geworfen und das Netz wird noch bunter und großflächiger.

Material

Knäuel Wolle

Wackeliges Amselnest

Bei dem Spiel setzen sich wieder alle Kinder in einen Stuhl- oder Sitzkreis. In die Mitte wird eine Plastikflasche senkrecht hingestellt sowie Streichhölzer daneben gelegt. Der Reihe nach legt jedes Kind ein Streichholz auf die Öffnung der Flasche. Je mehr Streichhölzer am Ende auf der Flasche liegen, desto schwieriger wird es, das Konstrukt aufrecht zu erhalten. Gemeinsam müssen die Kinder herausfinden, wie sie die Streichhölzer aufbauen, ohne dass das Amselnest herunter fällt oder einstürzt.
Hier ist es wichtig, dass sich die Kinder gegenseitig Tipps geben und anfeuern, damit ihr wackeliges Nest Halt findet und nicht zusammenfällt. Die gegenseitige Hilfe stärk das Miteinander.

Material

Streichhölzer, leere PET-Flasche

Das menschliche Pendel

Sechs bis acht Kinder stellen sich in einem Kreis auf. In die Mitte des Kreises stellt sich ein weiteres Kind, macht sich ganz steif und lässt sich zu einer Seite fallen. Dieses Kind muss nun von den anderen Kindern aufgefangen werden und wie eine Art Pendel vorsichtig zum Spielenden gegenüber bewegt werden. Das geht so lange wie möglich weiter. Nach einigen Runden des Pendelns tauschen die Kinder untereinander, sodass jede*r einmal als Pendel fungieren darf.

Hinweis

Dieses Spiel hat viel mit Vertrauen innerhalb der Gruppe zu tun, deswegen sollte kein Kind dazu gezwungen werden, von den anderen Kindern als Pendel bewegt zu werden. Vertrauen spielt eine wichtige Rolle im sozialen Miteinander. Deshalb kann dieses Spiel dazu genutzt werden, Vertrauen untereinander aufzubauen und die emotionale Bindung der Kinder innerhalb der Gruppe zu stärken.

Schafherde treiben

Es werden zwei oder drei Kinder vor die Tür geschickt, diese sollen die Schäfer*innen spielen. Alle anderen Kinder stellen die Schafherde dar. Jedes Schaf bekommt von der Spielleitung ein Kommando oder ein anderes „Lockmittel“ gesagt. Nur wenn die Schäfer*innen dieses Kommando sagen bzw. das entsprechende Lockmittel einsetzen, begeben sich die Schafe in ihren Stall. Von den Kommandos wissen die Schäfer*innen vor der Tür natürlich nichts. Die Schäfer*innen werden nun wieder hereingebeten und bekommen die Aufgabe, die Schafe in ihren Stall zu bringen. Wie lange sie wohl brauchen werden, bis alle Schafe im Stall sind?

Beispiele

- „Geh in den Stall!“
- Streicheln
- mit Futter locken
- Hampelmann machen
- „BITTE geh in den Stall.“

Hinweis

Bei diesem Spiel handelt es sich um ein lustiges Gruppenspiel. Bezogen auf das soziale Miteinander muss die Gruppe der Schafe aufmerksam bleiben und ihren Schäfer*innen gut zuhören und sie beobachten. Dies ist ein wichtiger Aspekt im Umgang mit anderen Menschen.

Der Raub im Museum

Es werden von der Spielleitung zwei Kinder als Wachen ausgesucht, diese gehen vor die Tür. Ein Kind wird zur Räuber*in ernannt, alle anderen Kinder dürfen sich im Raum als „Statuen“ verteilen. Der oder die Räuber*in will nun eine Statue stehlen. Überraschend kommt aber das Wachpersonal herein und der*die Räuber*in muss sich selbst schnell in eine Statue verwandeln. Allerdings hält der*die Räuber*in die Position nicht lange aus und so muss er*sie sich alle 10 Sekunden ein kleines bisschen bewegen.
Das Spiel geht so lange, bis die zwei Wachen herausgefunden haben, wer keine Statue, sondern ein*e Räuber*in ist. Haben die beiden Wachleute diese Person gefasst, wird dieses Kind gemeinsam mit einem anderen Kind zum neuen Wachpersonal.

Das Wachpersonal muss sich die Gruppe gut einprägen, dies stärkt die sozialen Kompetenzen und auch die Beobachtungsgabe. Gegenseitige Beratung und das Betrachten der vermeintlichen Statuen bieten dabei ebenfalls eine wichtige Grundlage, wenn es darum geht, dass sich die Kinder mit der Gruppe auseinandersetzen.

Tennisball balancieren

Für jedes Kind werden zwei Tennisbälle auf den Boden gelegt. Die Kinder müssen sich nun auf diese Tennisbälle stellen, während sie sich dabei im Kreis oder in einer Reihe an den Händen fassen. Erst wenn alle auf den Tennisbällen stehen und auf den Bällen für eine gewisse Zeit balancieren können, hat die Gruppe das Spiel gewonnen. Um die Schwierigkeit noch zu erhöhen, können dabei Witze erzählt werden, um die Teilnehmenden abzulenken und es ihnen schwieriger zu machen, die Balance zu halten. Neben Flach- und Wortwitzen können auch lustige Geschichten erzählt werden oder Grimassen geschnitten werden. Hauptsache, die Kinder lachen miteinander!
Nur wenn sich die Kinder gemeinsam auf den Bällen halten können, gewinnen sie das Spiel. Dadurch wird das soziale Miteinander und vor allem auch das Gemeinschaftsgefühl gestärkt.

Material

je Kind zwei Tennisbälle

Spiele zu Gemeinschaft & Fairplay

Eine Flasche Wasser

Entsprechend der Anzahl der Kinder bindet die Spielleitung im Vorfeld an ein dickes Stück Pappkarton lange Schnüre durch kleine Löcher. In die Mitte der Pappe wird anschließend eine kleine Flasche Wasser gestellt. Diese Wasserflasche müssen die Kinder nun zu einem bestimmten Ort bringen, indem sie das Stück Pappe an den Schnüren über den Boden tragen. Die Flasche darf dabei nicht umkippen. Sollte sie umfallen, muss sie neu aufgestellt werden und es muss von vorne begonnen werden.

Material

dicke Pappe, Schnüre, eine kleine Flasche Wasser (0,2 l), Putzlappen

Friedensbrücke bauen

Die Kinder (maximal sechs) erhalten drei leere Getränkekisten und zwei lange Bretter. Auf jeweils einem Brett sollte Platz für alle Spielenden sein. Nur mit Hilfe der drei Getränkekisten und der beiden Bretter müssen nun alle gemeinsam versuchen, auf die andere Seite des Raumes zu kommen, ohne den Boden zu berühren.
Am besten geht das, indem die Kinder ein Brett auf zwei Getränkekisten legen und so eine erste Brücke bauen, sich darauf stellen und die dritte Getränkekiste nun vor die vorderste Kiste stellen, um damit eine neue Brücke aufbauen. Nach und nach wird so jeweils eine neue Brücke vorne gebaut und die alte Brücke hinten wieder abgerissen und als „Material“ nach vorne gebracht. Die Kinder müssen diese (oder eine andere) Lösung alleine herausfinden.

Material

drei Getränkekisten, zwei lange Bretter

Stuhlkette

Die Kinder befinden sich in einem Stuhlkreis und stellen sich hinter ihren Stuhl. Dabei wird die rechte Hand auf den Rücken gelegt, denn diese darf für dieses Gemeinschaftsspiel nicht genutzt werden. Die Kinder halten den Stuhl, der auf den vorderen Stuhlbeinen steht, vor sich nur mit der linken Hand. Auf ein Signal der Spielleitung müssen die Kinder den Stuhl loslassen und sich um einen Platz nach links bewegen und dabei schnellstmöglich den Stuhl ihres Nachbarn festhalten. Dies kann so lange wiederholt werden, bis die Kinder wieder an ihren Platz angekommen sind.
Wie viele Runden ohne Fehler können sie meistern?

Material

Stühle

Beat it

Alle versammeln sich in einem Stuhl- oder Sitzkreis. Ein Kind gibt mit dem Mund nun einen Rhythmus vor, ähnlich wie bei einer Trommel. Nun darf das Kind links daneben mit einsteigen und ein zum Rhythmus passendes Geräusch machen. Dann ist der*die Nächste an der Reihe, bis alle gemeinsam ein musikalisches Kunstwerk erschaffen.
Klappt es für alle, in den Rhythmus einzusteigen?

Kindertürme

Es werden Stühle in einen Kreis mit der Sitzfläche nach außen gestellt. Es sollten dabei weniger Stühle als Kinder vorhanden sein. Zur Musik laufen die Kinder nun um die Stühle herum. Sobald die Musik stoppt, müssen Kinder auf den Stühlen Platz finden und dabei auch den Schoß der anderen Kinder nutzen, da ja nicht für jedes Kind ein Stuhl vorhanden ist. Nach jeder Runde wird ein Stuhl entfernt, sodass am Ende mehr und mehr Kinder keinen eigenen Stuhl haben und „Türme aus Kindern“ gebaut werden müssen.

Material

Stühle

Das Moor

Die Kinder befinden sich in kleinen Teams im Moor. Auf dem Fußboden liegen einige Kissen, Matten oder Pappen als „Inseln“, auf die sich die Kinder retten können. Jedes Team muss nun versuchen, durch gegenseitige Hilfe das Moor zu durchqueren. Wer dennoch den Boden berührt, verliert ein Bein, d. h. dieses Kind darf nur noch auf einem Bein weiter hüpfen. Wer erneut den Boden berührt, steckt fest und muss von den anderen „herausgezogen“ werden. Gerne dürfen sich die Teams auch gegenseitig helfen; in diesem Spiel geht es nicht um Gewinner, sondern darum, die Gruppendynamik auf besondere Weise zu stärken.

Material

Kissen, Matten, Zeitungen, Pappe etc. als Rettungsinseln

Blindes Sortieren

Bei dem Spiel werden die Kinder in gleich große Teams aufgeteilt. Einem Kind werden die Augen verbunden. Alle anderen bekommen von der Spielleitung eine Zahl gesagt, die sie nur klatschend an das „blinde“ Kind vermitteln dürfen. Der*die blinde Spieler*in muss nun versuchen, das Team in der richtigen Reihenfolge aufzustellen. Das Team, welches dies zuerst schafft, gewinnt.

Material

Augenbinde

Bindung spüren

Die Kinder teilen sich selbst in Zweierteams auf. Jedes Team erhält von der Spielleitung einen Stift. Der Stift muss nun zwischen den Zeigefingern beider Kinder balanciert werden, ohne dass sie sich dabei unterhalten. Alle bewegen sich nun zur Musik durch den Raum. Wem der Stift runterfällt oder wer doch etwas sagt, scheidet aus.

Tipp

Der Schwierigkeitsgrad kann durch die Länge und Dicke sowie durch das Gewicht der Stifte variiert werden.

Material

verschiedene Stifte

Lippen lesen

Ein Kind bekommt Kopfhörer in die Ohren und hört so laute Musik, dass es die anderen Mitspielenden nicht mehr verstehen kann. Nun wird diesem Kind ein Gegenstand gesagt, den es holen muss. Dazu hat es drei Versuche. Gelingt es nicht, gilt die Runde als Misserfolg. Schafft das Kind es jedoch, den richtigen Gegenstand zu holen, darf es die nächste Person bestimmen, die sich nun dem Test des Lippenlesens unterziehen darf.

Material

Kopfhörer & Musik

Lebende Murmelbahn

Die Gruppe transportiert Murmeln über eine Distanz von 10 bis 15 Metern nur mit Hilfe von Pappröhren. Dazu erhalten alle Kinder eine Pappröhre. Die Pappröhren werden von den Kindern so bewegt, dass die Murmeln von einer in die nächste Pappröhre rollen. Dabei dürfen die Murmeln weder auf den Boden fallen noch von Händen oder anderen Körperteilen berührt werden – außer am Startpunkt. Die Kinder dürfen sich selbst nur dann bewegen, wenn in ihrer Röhre gerade keine Murmel liegt und/oder rollt. Fällt eine Murmel herunter oder wird sie mit dem Körper berührt, muss von vorne begonnen werden. Alle Kinder müssen am „Transport“ beteiligt werden. Die Gruppe kann durch den Versuch, die eigene Zeit zu schlagen, motiviert werden, das Spiel ein paar Mal zu wiederholen.

Material

Murmeln, Pappröhren

Don Bosco MiniSpielothek
Klein, fein, alles drin

ISBN 978-3-7698-2582-4

ISBN 978-3-7698-2583-1

ISBN 978-3-7698-2577-0

ISBN 978-3-7698-2576-3

ISBN 978-3-7698-2573-2

ISBN 978-3-7698-2572-5

ISBN 978-3-7698-2569-5

ISBN 978-3-7698-2565-7

ISBN 978-3-7698-2558-9

ISBN 978-3-7698-2162-8

ISBN 978-3-7698-2556-5

ISBN 978-3-7698-2555-8

ISBN 978-3-7698-2546-6

ISBN 978-3-7698-2545-9

ISBN 978-3-7698-2540-4

ISBN 978-3-7698-2539-8

ISBN 978-3-7698-2521-3

ISBN 978-3-7698-2520-6